SUPPLÉMENT

NÉCESSAIRE

A L'ADRESSE DE LA SOCIÉTÉ

DES AMIS DES NOIRS,

EN FAVEUR DES HOMMES DE COULEUR.

Enfin la voix de la raison et de la justice s'est fait entendre en faveur des citoyens de couleur : l'assemblée nationale, repoussant les artifices avec lesquels on vouloit encore étouffer la discussion du projet que son comité vient de lui proposer, en a ordonné l'impression et l'ajournement. Elle n'a vu, dans ce projet, qu'un nouveau moyen de condamner à l'ignominie, à une dégradation injuste, des hommes libres, propriétaires et contribuables; et elle a manifesté le désir et la volonté d'être juste envers eux. Il faut donc lui présenter toutes les lumières qui peuvent l'éclairer sur un sujet que la cupidité n'a cessé d'obscurcir ; il faut lui prouver, en lui mettant sous les yeux les événemens qui se sont passés depuis la publication de notre Adresse, en lui exposant les absurdités et les inconvéniens du projet de congrès qu'on lui a proposé ; il faut lui prouver combien il importe, si l'on veut sauver les colonies, de peser et de rendre claire la décision qui assurera à jamais aux citoyens de couleur, les droits de citoyens actifs.

Nous voyons avec la satisfaction la plus douce, par les divers comptes rendus de notre Adresse dans plusieurs journaux, et par les sentimens qu'un grand nombre de sociétés d'amis de la constitution ont manifestés, que l'opinion des amis des noirs n'est maintenant que l'opinion publique. . . . . Oui, la cause des François mulâtres est gagnée ; il ne reste à ses ennemis que l'espoir d'en retarder les heureuses conséquences par la ruse et l'intrigue. Mais ces dernières armes seront bientôt rendues inutiles par les progrès rapides de l'esprit public.

Arrêtons-nous quelques instans sur les événemens qui, dans l'importante cause dont la société s'est occupée, affligent les patriotes ; événemens qui ont réalisé leurs funestes prédictions.

Ogé n'est plus ; cet intrépide défenseur des droits imprescriptibles de ses frères, a péri, avec plusieurs de ses compagnons, dans le plus affreux des supplices ; dans ces horribles tourmens destinés, non à venger les lois, mais à calmer, par l'effroi qu'ils répandent, les terreurs dont l'ame des tyrans ne cessera jamais d'être agitée.

Nous le savons, la sentence de ces déplorables victimes des premiers décrets qui ont été enlevés à l'assemblée nationale sans discussion ; cette sentence, prononcée par les violateurs de ces décrets, déclare Ogé et ses complices convaincus de vols, d'assassinats, d'incendies. . . . . Mais lorsqu'on veut faire périr sous le glaive des lois les hommes qui défendent leur propriété naturelle, il faut bien changer en crime leur légitime défense.

S'il est une guerre qui puisse être ennoblie par son objet, c'est sans doute celle où l'homme s'arme contre son semblable, lorsque celui-ci veut le priver des droits que le créateur du monde a donné à tous les hommes.

Lui comparera-t-on ces guerres solennelles où les nations s'égorgent ; soit pour de méprisables questions, soit pour des possessions que ne connoissent, ni celui qui ordonne le combat, ni ceux qui le dirigent et le soutiennent, ni le peuple qui y perd et son sang, et son repos, et ses moyens de subsistance. Ces guerres ne sont-elles pas, aux yeux de la raison, aussi honteuses, aussi criminelles que l'autre est nécessaire et glorieuse ?

Dans la première, si les tyrans sont vaincus, on ne leur demande que de consentir enfin à régner au nom des droits sacrés de l'homme; de respecter ceux qu'il n'a ni abandonné, ni pu abandonner dans l'ordre social. Si, au contraire, les infortunées victimes des tyrans succombent à la foiblesse de leur insurrection, les supplices les plus affreux sont la punition des uns, et l'appesantissement des chaînes du despotisme le partage des autres.

Dans les autres guerres, dans celles où l'homme, imposant silence à la partie la plus noble de lui-même, se livre à toute la fureur des tigres pour faire réussir les plus viles spéculations, on a établi un prétendu droit de la guerre, un mode de vivre par lequel, après s'être réciproquement accusés de brigandage, le vainqueur finit par honorer le vaincu.

Ces deux codes, dignes de la législation de l'enfer, sont-ils des fruits de la civilisation? Non, le premier est le crime des brigands, l'autre est un reste de la férocité naturelle aux sauvages, appliquée aux combinaisons plus savantes de la corruption.

Et quelle différence du traitement infligé à ces prisonniers, qui, pour une vile paye, et sans aucun motif de justice, cherchent à détruire nos propriétés, à porter le feu et la flamme dans nos habitations; quelle différence de leur traitement à celui de ces hommes qui, sentant la dignité de leur être, indignés de l'oppression, cherchant à en secouer le joug, succombent dans leurs efforts, et sont pris les armes à la main ? Les premiers sont traités avec humanité, le droit des gens les protège, un cartel vient bientôt leur rendre leur liberté, pour les mettre à portée de commettre encore de nouveaux forfaits, de vivre du sang des hommes ; et l'infortuné, qui n'a pris les armes que pour sauver sa liberté et celle de ses frères ; que pour réclamer des droits sacrés, inaliénables ; qui a porté dans sa défense la noblesse et l'humanité dignes d'un ami des hommes, cet infortuné est traîné au supplice, il n'est ni droit des gens, ni droit social qui puisse le sauver de la mort. Le plus grand des forfaits, aux yeux des tyrans, est l'amour de la liberté.

Tel a été le crime unique d'Ogé ; il est mort martyr de la liberté. A qui doit-il son supplice ? La loi naturelle, la révolution, les décrets, tout étoit pour lui ; mais il avoit contre lui l'audace des blancs, accoutumés à tyranniser les mulâtres dans les colonies ; de ces blancs témoins des terreurs qu'ils avoient su inspirer : il avoit contre lui la foiblesse des hommes honnêtes, qui cachent leur pusillanimité sous le nom de *modération* ; qui craignent de déployer trop de fermeté dans la destruction des abus, qui préfèrent des palliatifs, des moyens obliques, de tristes équivoques, et qui par-là enhardissent le crime au lieu de l'effrayer, et font couler le sang qu'ils vouloient sauver. C'est à leur foiblesse qu'on doit la mort d'Ogé. S'ils avoient voulu se rendre aux argumens de M. l'abbé Grégoire, s'ils avoient compris nommément les hommes de couleur dans la classe des citoyens actifs, les blancs ne se seroient pas appuyés sur une équivoque pour leur en refuser les droits ; Ogé n'auroit pas été forcé de recourir à l'insurrection ; il n'eût pas été traité de rebelle, et supplicié comme le dernier des scélérats. Voilà le triste fruit de la mollesse des hommes *modérés*. Quand abjureront-ils ce système imprudent de conduite, qui, sous le despotisme, a retardé les pas de la liberté, qui, sous la liberté, encourage le despotisme ?

Ils ne voyent pas qu'en poursuivant avec la plus inconcevable légéreté, les actifs défenseurs des droits de l'homme, sous la dénomination d'*exagérateurs*, ils deviennent, sans s'en douter, les appuis des ennemis les plus cruels de la liberté. Qu'ils se rappellent, ces timides citoyens, que sous l'ancien régime, tout honnête homme montrant un peu d'énergie, étoit dénoncé comme une *tête exaltée*, et qu'entraînés eux-mêmes par cette séduction, leur tolérance nous condamnoit tous à souffrir le despotisme des scélérats, jusqu'à ce que ceux-ci se soient eux-mêmes liés les mains par leurs propres excès.

C'est donc à ces hommes, qui se vantent d'une modération dont les effets sont mille fois plus cruels que les excès dont ils s'effrayent , qu'il faut demander si ce sera toujours en l'arrosant du sang de ses fidèles adorateurs que l'autel de la liberté s'élèvera? Si nous ne pouvons pas espérer que la raison viendra délivrer les despotes , les aristocrates eux-mêmes de leurs propres extravagances , en les éclairant sur leurs intérêts ? Que demandent-ils ? des honneurs et des biens..... Mais qu'est ce que les honneurs , de quelle valeur sont les biens , quand leur source est empoisonnée ?

Malheureux contempteurs de vos semblables ! impitoyables bourreaux ! vous vous trompez encore si vous pensez que les temporiseurs seront toujours les maîtres de vous sauver ; écoutez-nous, les instans sont précieux ; votre cruelle impolitique va conduire les colonies à un bouleversement, où votre sang, toujours menacé , n'échappera pas au fer vengeur , quelles que soient les mains dans lesquelles la force des choses le placera.

Vous vous êtes hâtés de supplicier Ogé et ses compagnons ; vous avez craint que les vaisseaux de la métropole, qu'on signaloit déjà avant que votre horrible sentence fut rendue , ne vous portassent des ordres qui auroient tiré de vos mains ces infortunés. Qu'avez-vous fait? Dites-nous s'il est un seul mulâtre, à moins qu'il ne fût le plus stupide des animaux , qui n'ait pas senti sur ses propres membres les coups de l'instrument atroce que vous avez choisi pour les faire périr? Qui d'entre eux, remontant péniblement de la douleur à la cause, n'a pas vu Ogé souffrant pour eux, mourant pour eux , des mains de leurs féroces ennemis ! Et pensez-vous que d'aussi horribles scènes, où triomphent la cruauté et l'injustice , ne préparent pas dans le silence les scènes du désespoir?

Non , Ogé n'étoit pas un malfaiteur. Né avec la fierté que devroient avoir tous les hommes ; tant de fois témoin de l'innocence du blanc, souvent outragé par eux , il avoit fui des tribunaux où la couleur de la peau est le premier des crimes. Témoin de notre révolution , il avoit vu tomber ces tours sur lesquelles nous ne pouvions jeter que les regards de l'innocence tremblante devant la force, dans les mains du crime ; il avoit vu la liberté abattant la Bastille. La déclaration des droits de l'homme avoit rempli son ame d'espérance; il avoit assisté à cette confédération, si justement célèbre, de toutes les parties de la France, réunies pour jurer de vivre libre ou de mourir; il portoit sur sa poitrine le signe mémorable de ce serment, qui élève les François aux dessus de tous les peuples; de ce serment nécessaire, qui déshonorera pour jamais le citoyen qui aura la foiblesse de l'oublier; de ce serment, enfin, dans lequel il lisoit chaque jour la libération de ses frères, le terme de leurs humiliations, le gage de la prospérité des colonies, le garant d'une législation qui alloit mettre dans les mains de leurs véritables enfans, les moyens d'honorer leur patrie, d'en faire le séjour de l'abondance, de la paix et du bonheur.

Plein de ces idées, il assiégeoit sans cesse la porte des membres du comité colonial. Qu'ils nous redisent ses discours; il ne pouvoit pas feindre, sa fierté l'eût bientôt trahi. Ogé étoit un de ces créoles dont l'éloquent Raynal a tracé un portrait intéressant. Les membres du comité n'ont pu méconnoître en lui l'ardent, le courageux défenseur du seul sens raisonnable que puissent admettre les décrets des 8 et 28 mars.

Sa tête étoit dévouée par des lâches qui n'osoient pas ici le regarder en face, et qui ne savent méditer que des assasinats. Bientôt convaincu, en arrivant à S. Domingue, que l'interprétation des décrets alloit dépendre, même auprès du comité national, non des expressions, mais du degré de force que manifesteroient ses frères, qu'on affectoit de confondre ici avec les esclaves; il jugea que les citoyens de couleur devoient se montrer en état de prendre sur leur sauvegarde, les droits qu'on vouloit leur ravir; il jugea, en homme qui connoissoit les blancs et leur déplorable crédit, que, dans la métropole, des doléances sur leur injustice et leur trahison, seroient méprisées; et certes, il en avoit le présage dans les tergiversations d'un comité où les tyrans des citoyens de couleur, avoient eu l'art d'entrer, et de se rendre les plus forts.

O vous qui avez reconnu le droit de tous les hommes, *de résister à l'oppression*; vous qui avez déclaré que *l'insurrection étoit le plus saint des devoirs*, osez prononcer, sur la foi de leurs ennemis, qu'Ogé et ses compagnons furent des malfaiteurs, parce que dans leur insurrection, prenant la défense des décrets libérateurs, ils ont été entraînés pour déffendre leurs propres personnes, dans les horreurs dont toute guerre s'accompagne nécessairement.

Ah ! sans doute elle est horrible là guerre, par les maux et les crimes qu'elle enfante ! Mais les tyrans qui font périr dans les suplices les déffenseurs de la liberté et des loix, nous préparent-ils la fin de ces crimes ? — Non, et les colons blancs ont ajouté, par la mort tragique d'Ogé et de ses compagnons, un nouveau degré d'énergie aux causes du désordre dont ils appréhendent les effets.

Combien les colons blancs devroient se défier des passions qui les entraînent !

Aliéner les hommes de couleur, c'est s'imposer la nécessité d'une force armée étrangère aux colonies. Mais, indépendamment du fardeau ruineux qu'elles auroient à supporter, peuvent-ils compter que cette force obéira servilement à toutes leurs conceptions tyranniques ?

Le second article, dont nous avons à parler, ne fait pas moins sentir, que le massacre d'Ogé par le fer de la loi, la nécessité de se hâter de mettre les colonies sous la sauvegarde de la politique humaine et juste que nous prêchons. Cette discussion est importante, nous prions nos lecteurs de la suivre avec attention.

Pourquoi les colons blancs résidant à Paris, craignoient-ils les envois de troupes ? Parce qu'ils avoient découvert, par leur espionage, dans les bureaux, que le ministre de la marine (M. de la Luzerne) regardoit les hommes de couleur libres, comme égaux en droits aux colons blancs, comme citoyens françois, et par conséquent comme devant concourir avec les blancs dans les fonctions publiques, conformément aux lois et aux principes de la métropole. C'étoit là le crime de ce ministre aux yeux des députés, et de là, leurs manœuvres pour empêcher l'expédition des troupes, et leurs conseils envoyés aux colonies, pour s'opposer à leur débarquement.

Mais en mettant la confusion et le désordre dans les îles, par leur ettre du 12 août, l'envoi des troupes n'en est devenu que plus né-cessaire. Alors une autre intrigue a pris la place de la première : deux régimens et les équipages des deux vaisseaux qui les portoient, et qui ont suivi de près le décret du 12 octobre, sont arrivés, séduits en faveur de l'assemblée même que le décret cassoit. Leur premier mouvement a été une désobéissance et une sédition.

Les régimens, ignorant l'état des choses, ont voulu débarquer au port au Prince, malgré les intentions de M. Blanchelande, et c'est après avoir été fêtés par les blancs de ce port, que M. Mauduit a été massacré, M. Blanchelande obligé de fuir, et que la sédition n'a plus laissé de doute sur son but, celui de venger l'assemblée de S. Marc, et de lui rendre la prépondérance. (1)

Mais qui a séduit le régiment et les équipages ? où les a-t-on séduits ? Quels discours ont pu faire impression sur des soldats et des marins qu'on ne pouvoit soupçonner d'aucune mauvaise intention contre leur patrie ?

On se rappelle l'arrivée à Brest du vaisseau le Léopard, tout l'équipage, loin de croire qu'il déroboit à une autorité légitime les membres de l'assemblée de Saint-Marc, croyoit au contraire avoir arraché des victimes aux fureurs du despotisme. L'illusion fut telle que tous les patriotes de Brest s'y trompèrent. Ces membres réfractaires aux décrets de l'assemblée nationale, arrivés à Paris, où M. Barnave, toujours égaré par ses premiers pas, et toujours égarant l'assemblée sur les colonies, empêcha qu'ils ne fussent entendus. Cette impolitique leur laissa la funeste apparence de citoyens opprimés ; et l'on conçoit qu'il dut leur être d'autant plus facile de faire passer, dans les deux vaisseaux qui ont suivi de près le décret du 12 octobre, le même esprit qui régnoit dans l'équipage du Léopard, que ces vaisseaux ne portoient point de commissaires (2).

____

(1) On a répandu, au débarquement de ces troupes circonvenues, qu'un décret du 17 décembre révoquoit celui du 12 octobre, et blâmoit le régiment du Port-au-Prince, et sur-tout son colonel, pour avoir coopéré à la dissolution de l'assemblée générale de Saint-Marc.

(1) Les commissaires et le complément des vaisseaux et des troupes ne sont partis

C'est,

C'est, n'en doutons pas, au nom de la liberté détruisant le despotisme, que les deux régimens et l'équipage des deux vaisseaux ont été trompés, et c'est en Europe même que cette séduction a été opérée, sans cela M. Blanchelande n'eût pas trouvé une volonté déjà formée sur les vaisseaux, lorsqu'il voulut leur déclarer le lieu où les régimens débarqueroient.

Et qui s'est rendu coupable de cette séduction ? Certes il faut convenir que si ce ne sont pas les membres de l'assemblée de Saint-Marc eux-mêmes, M. Barnave les a étrangement dévoués aux plus violens soupçons. Obligé de rendre compte à l'assemblée nationale des événemens sinistres qui ont suivi le débarquement des troupes (1), il a déclaré qu'il avoit dans sa poche, depuis deux jours, une pièce où les ci-devant membres de l'assemblée de Saint-Marc *reconnoissent leurs erreurs, jurent obéissance aux décrets, et rétractent les écrits où ces décrets sont attaqués.* Cette pièce si importante existoit depuis deux jours et n'étoit pas connue ! et le public n'étoit pas informé de cette rétractation par ceux même qui l'ont faite ! et c'est après les plus tristes nouvelles, après une vengeance analogue à la manière dont les membres de l'assemblée de Saint-Marc avoient représenté M. Mauduit, que cette

____

que trois mois après le décret de l'assemblée nationale. Et qui sont ces commissaires ? Leurs œuvres les jugeront. Nommés sous l'influence de la députation des colonies, qui a fait écarter M. Lescalier, nous avons besoin, pour avoir confiance en eux, de croire que l'esprit et leur dévouement aux principes de la constitution, les auront garantis des erreurs dont on a cherché à les environner. Leurs instructions devoient les suivre de près, cinq mois sont écoulés, elles ne sont pas encore prêtes. Le comité colonial sembloit occupé de profonds examens, de grands travaux ; il vient de présenter à l'assemblée un projet de décret en seize articles, sans autre discussion préalable que la menace de la perte des colonies, si l'assemblée ne convertit pas en décret ce tardif projet.

(1) M. Barnave n'a pas dit un mot sur le supplice du malheureux Ogé et de ses compagnons : pas un mot sur le meurtre de M. Mauduit, dont l'assemblée nationale avoit approuvé la conduite. Seroit-ce parce que ces scènes de sang lui font déplorer la funeste erreur qui conduisoit à sanctionner dans les colonies une constitution opposée à celle de la métropole ?

B

pièce sort de la poche de M. Barnave! Quelle fatalité, dès que cette pièce étoit résolue faite avant les nouvelles de Saint-Domingue.

Nous reviendrons sur cette tardive rétractation; notre but n'est point de nous porter accusateurs, mais de faire observer, dans les événemens, tout ce qui montre la nécessité des moyens de paix solide et durable que nous sollicitons pour les colonies.

Nous disons donc qu'une politique sage et éclairée ne peut pas éviter de faire, sur cet événement, deux considérations importantes.

La première, que les troupes de ligne ont cru servir la cause de la liberté, et que leur attachement pour elle, ne pouvant pas se détruire lorsqu'il est fondé sur la constitution même, il est impossible que leur insubordination ne soit pas infiniment dangereuse dans des contrées peuplées d'esclaves, que l'humanité défend de rendre *subitement* à la liberté; que même le spectacle de ces esclaves, les familiarités des soldats avec les négresses, leur loisir dans un climat qui allume le sang; tout doit porter les soldats à l'insubordination. Et qui sait si, enthousiasmés de la liberté, flattés par les divers partis qui veulent se faire d'eux un appui, sensibles à tout ce qui peut leur laisser entrevoir un changement avantageux, les régimens de Normandie et d'Artois, aidés des matelots avec lesquels ils ont fait la traversée, n'auront pas déjà proclamé la liberté des esclaves? Osons espérer, et certes ce ne sera pas une petite preuve de ce qu'on gagneroit à cultiver la raison chez tous les hommes; osons espérer qu'ils auront attendu les décrets de la métropole sur un point aussi délicat.

La seconde observation naît de la première. Une population indigène est la seule à laquelle on puisse confier avec sûreté la tranquillité des colonies. C'est par des citoyens personnellement intéressés à l'ordre que les circonstances exigent, que tout doit être gardé dans les colonies. Des mercenaires européens n'y seront utiles qu'autant qu'ils seront surveillés et contenus par les indigènes; et comment ceux-ci s'intéresseront-ils à la tranquillité, tant que des intrus, ou des hommes un peu moins basanés qu'eux, voudront les tenir dans l'abjection? Colons blancs contre colons basanés; soldats étrangers aux colonies sollicités des deux parts; esclaves témoins aussi des fermentations de la liberté, et n'ayant au-dessus d'eux que des hommes divisés entr'eux, sont ce pas là des matières combustibles, que leur frottement en tout sens peut enflammer à tout instant?

Ainsi la conduite des régimens de Normandie et d'Artois; le même esprit manifesté dans l'équipage des navires; l'état de choses qui a fait fuir M. Blanchelande, et qui le fait désespérer du salut des colonies (1); tout cela avertit puissamment, et les colons blancs, et la métropole, que sous peine de perdre les colonies, les lois d'égalité doivent y être établies avec loyauté et franchise, comme la plupart des membres de l'assemblée nationale en ont eu l'intention, et ont cru l'avoir manifestée par les décrets des 8 et 28 mars.

Passons au troisième événement, il regarde l'abolition de la traite.

Tout annonçoit que le parlement d'Angleterre alloit l'accorder à l'humanité et à la saine politique; les marchands de chair humaine ont réussi à la sauver de l'indignation des honnêtes gens. Mais comment? Contre les discusions les plus approfondies; nonobstant les témoignages les plus évidens; et malgré le sentiment des membres du parlement, les plus instruits et les plus célèbres. M. Fox, M. Pitt, ordinairement opposés l'un à l'autre, se sont réunis et se sont attachés à prouver la nécessité d'abolir cet odieux trafic. On ne leur a rien opposé, on n'a point contredit le rapport circonstancié et constammeht appuyé de preuves, fait par M. Wilberforce, pour ne laisser aucun doute sur la foule de motifs qui doivent effacer des registres du commerce cette horrible souillure. On n'a opposé à ces motifs que de vils sarcasmes contre la religion de l'humanité, que d'exécrables plaisanteries sur la philosophie, au point que ceux-là même qui s'étoient proposés de voter pour la conservation de la traite, sont sortis de la chambre, sans donner de suffrage... Enfin, et les bourreaux conjurés, et ceux qui ont craint d'y perdre d'infâmes

______

(1) Sa lettre n'a point été lue à l'assemblée nationale. Comme si l'on peut faire les affaires d'une nation libre en la trompant!

profits , et les hommes qui accommodent leur conscience avec le silence de la foiblesse , ont fait perdre *quant-à-présent* , l'espoir des philantropes anglois, de voir leurs vertueux efforts couronnés dans cette session. Mais ont-ils perdu l'espérance d'obtenir ce succès dans une prochaine session? Tant s'en faut. Ils se sont engagés à reproduire la même pétition , et à redoubler d'efforts contre leurs adversaires.

Que faut-il en conclure ? Pense-t-on que ces combats où toute la sagesse est d'un côté, tandis que de l'autre on ne voit que cruauté et folie; pense-t-on que le monstrueux commerce des esclaves ne touche pas à sa fin ? C'est comme si l'on disoit que les fureurs des despotes , les extravagances auxquelles ils sont condamnés , et les supplices dont ils prétendent effrayer les apôtres de la liberté, éterterniseront leur insensé gouvernement.

Le coup mortel est porté, l'infamie est prononcée. Il n'y a plus qu'opprobre et dangers pour ceux qui consacreront leurs capitaux, leur temps, leur industrie, à la traite des noirs ; et si les législateurs n'ont pas assez de courage d'esprit, pour proscrire incessamment cette affreuse révolte contre la nature ; l'opinion publique ne peut pas tarder à en faire justice. Les rapprochemens par lesquels se mesurent les degrés de l'estime , deviendront tous les jours plus familiers et plus justes ; et lorsque l'on comparera celle qu'osent prétendre encore les trafiquans d'esclaves, à cette impression , fruit de l'instinct moral, dont nous ne pouvons nous défendre à la vue des hommes consacrés à l'exécution des cruautés légales , l'étonnement qui en naîtra achevera de faire exécrer la moins pardonnable et la plus barbare des industries.

Ainsi dès-à-présent , les commerçans de nos ports, que la révolution a délivrés de tant de chaînes, vont s'occuper de remplacemens ; ils vont ouvrir leur intelligence aux spéculations utiles et honorables. Fournir l'Europe avec abondance de sucre , de café, de cottons, d'indigo, ect. sans qu'il en coûte une larme à l'humanité, sans qu'aucune des douces lois de la nature soit violée, va devenir le noble motif qui fera déployer les couleurs nationales par-tout où ces productions arrivent cultivées des mains de la liberté. Nos cultivateurs vont nous enrichir de l'érable à sucre (1) , trop long-temps caché pour nous , puisqu'il ne redoute pas nos climats , et que des expériences multipliées nous apprennent que ses dons sont abondans et faciles à obtenir.

Ainsi , dès-à-présent , les esclaves de nos colonies vont respirer. Avertis que la traite ne sauroit long-temps remplacer les mortalités cruelles que l'avarice étend sur les nègres , les colons de toute couleur vont se réunir pour assurer à leurs esclaves le bienfait d'une sage police. En les instituant pour la liberté , on peut les élever aux bonnes mœurs , puisque ce sont des enfans; et leur race deviendra bientôt nombreuse. Il n'en coûtera pas même un déficit dans les produits , puisque nos colonies n'usent encore que peu , des moyens de suppléer aux bras , et que cependant ils les connoissent assez pour y avoir recours.

Quels hommes peuvent être plus utiles, ainsi que nous l'avons dit dans notre Adresse , pour ce nouvel ordre de choses que nous commande la révolution , si ce ne sont pas les hommes de couleur?...... Cette réflexion nous ramène à l'Adresse des membres de la ci-devant assemblée de Saint-Marc , et au projet de décret dont elle a bientôt été suivie.

Ou les ci-devant membres de l'assemblée de Saint-Marc ne sont que des fourbes , ou il faut croire qu'ils ont abjuré leurs erreurs. Nous n'hésiterons pas à les croire attachés à la métropole; nous ne doutons pas qu'ils ne soient sincères, lorsqu'ils *reconnoissent authentiquement la puissance suprême de l'assemblée nationale sur tout ce qui porte le nom françois, leur intérêt personnel est le garant de leur fidélité.* Dès qu'ils peuvent rester réunis à la mère patrie , et participer ainsi à une constitution libre , *la protection d'un grand peuple,* dont ils font partie , n'a pour eux que des avantages , et ces avantages sont nombreux. Mais, pourquoi dans cette Adresse, si satisfaisante relativement à son principal objet , ne voit-on pas un mot sur les François de couleur ? Quel est au fond la principale raison

____

(1) Voy. *le nouveau Voyage dans les Etats-Unis,* par J. P. Brissot, tom. 2 , p. 60 , *Paris, Buisson , libraire , rue Hautefeuille.*

qui a porté tous les colons blancs vers l'indépendance, les uns sous une forme, les autres sous une autre, comme nous l'avons démontré dans notre Adresse ? N'est-ce pas la crainte de voir les hommes de couleur partager avec eux tous les droits de citoyen françois ?

Ce silence est extraordinaire. Les colonies ont été bien plus troublées par des prétentions opposées à la constitution, par le mépris de ses principes, que par les tentatives d'indépendance. Celles-ci n'étoient qu'un effet dont la volonté de primer sur les hommes de couleur étoit la cause. On abjure les tentations, et l'on ne dit mot de leur origine ! Pourquoi ?

Le sacrifice des hommes de couleur seroit-il le prix des déclarations dont M. Barnave etoit le porteur, de la part des ci-devant membres de l'assemblée générale de Saint-Marc ? Examinons.

Ces Américains terminent leur *profession de foi* en déclarant *que les instructions que l'assemblée est sur le point de décréter ne sauroient recevoir une exécution trop prompte*, mais ils ajoutent, *qu'elles ne l'obtiendront qu'avec le titre de loi provisoire...* Or qu'est-ce qu'une *loi provisoire* ? C'est une loi temporaire dont on désire, dont on prévoit la fin, lorsque les circonstances, qui paroissent exiger une telle loi, auront cessé... Ces sortes de loi sont donc une capitulation ? Et avec qui l'assemblée nationale de France, dont *les Américains réunis à Paris reconnoissent la suprême puissance sur tout ce qui porte le nom François capituleroit-elle* ? Avec une portion de François ? Avec les ci-devant membres de l'assemblée de Saint-Marc, qui, au milieu de leurs protestatios d'obéissance, osent lui déclarer que *ses instructions n'obtiendront une prompte exécution qu'avec le titre de* LOI PROVISOIRE ? Certes, si ce n'est pas là contredire la soumission dont ils prétendent effacer leurs erreurs, qu'on nous dise donc ce que les ci-devant *Américains composant l'assemblée de Saint-Marc*, entendent par l'*obligation où sont tous les membres de l'empire de se soumettre* aux décrets de l'assemblée nationale ?

Ce n'est pas tout. M. Barnave , parlant de cette autre Adresse qui n'a point été lue à l'assemblée nationale , que l'assemblée n'a point demandé à connoître , représente le vœu qu'elle exprime de convertir les *instructions* en un *décret provisoire ,* comme devant faire disparoître *tout nuage sur la sincérité des intentions* des auteurs de l'Adresse. En demandant, dit M. Barnave , que l'assemblée ordonne *l'exécution provisoire* de ses instructions , *ils se montrent ennemis de tous les obstacles qui pourroient leur être opposés. . . .* Mais quoi ! la France continentale est-elle donc vaincue dans ses colonies ? Est-elle réduite à capituler avec ses colons ?. . . Examinons encore.

Les François de couleur sont tenus sous le joug par les colons blancs , rien n'est plus certain ; et tandis que leurs assassins , que les meurtriers de leur défenseur , M. Ferrand de Baudière sont impunis (1) , l'insurrection des François de couleur est punie par le fer des bourreaux... Mais qui donne aux colons blancs la force de commettre ces crimes ? Nos troupes séduites et l'habitude de la crainte , qui n'a pas encore abandonné les hommes de couleur. . . . . Et comment a-t-on séduit nos troupes ? En les trompant, en leur persuadant qu'elles servoient les intentions de l'assemblée générale , contre les agens du pouvoir exécutif , chargés d'ordres cruels et despotiques. Rien n'est plus évident , on employe les soldats de la métropole contre les hommes de couleur , sans que ces soldats s'en doutent. Ils sont fidèles ; la trahison qui les dirige par la plus horrible perfidie , est loin de leur esprit ; il a fallu , pour que les grenadiers du régiment du Port-au-Prince devinssent les meurtriers de leur colonel , qu'on répandît dans ce régiment , à l'arrivée de ceux de Normandie et d'Artois , *qu'un décret de l'assemblée nationale , du 17 décembre , avoit cassé celui du 12 octobre , blâmé le régiment , et sur-tout M. Mauduit, pour avoir coopéré à la dissolution de l'assemblée générale de Saint-Marc !*

___

(1) Voyez l'Adresse de la Société des amis des noirs.

En un mot, les soldats qui jouent maintenant un si grand rôle dans nos colonies, ignorent que M. de la Luzerne, dirigé par la déclaration des droits de l'homme, chargea M. Peynier, à son départ d'ici pour remplacer M. du Chîleau, d'écrire une lettre circulaire à tous les commandans pour le roi, et des milices, *de traiter à l'avenir les hommes de couleur libres, propriétaires, etc. comme les blancs*; ils ignorent que dans le but de s'opposer à ce résultat de la révolution françoise, le plus exécrable machiavélisme s'est chargé de leur séduction, et a manœuvré, au point que les officiers ont craint de suivre les instructions données à M. Peynier.

Que résulte-t-il de ces détails ? Que les soldats sont fidèles, mais égarés; que les colonies ne sont pas encore conquises par les colons blancs; et que les vaisseaux, les troupes et les commissaires non encore arrivés, fussent-ils aussi circonvenus par les mêmes manœuvres employées auprès des régimens de Normandie et d'Artois, et des équipages des vaisseaux qui les ont transportés, il ne faudroit pas s'en effrayer; mais persévérer

---

(1) C'est la découverte de ces ordres, c'est pour en détruire l'effet, que les planteurs blancs réunis à Paris, écrivirent cette funeste lettre du 12 Août, qui a porté dans les îles tant de troubles et d'horreurs, et qui semble dictée par le dessein d'en accuser la société des amis des noirs. *Attachons partout les hommes de couleur*, disoit cette lettre. Mais comment ? Les lettres particulières l'expliquoient. Et quand on lit dans la même lettre ces autres mots : *méfiez-vous des hommes de couleur qui vont vous arriver de France;* étoit-ce dire autre chose sinon : « tombez sur les hommes de couleur, effrayez-les par la mort, ect. ect. ? Les faits n'ont que trop répondu à cette criminelle manœuvre; et l'on comprend maintenant, et le *post scriptum* humain de M. Gérard, qui n'étoit pas dans le secret de la découverte des ordres donnés à M. Peynier, et les soupçons de révolte répandus contre les mulâtres, pour animer contr'eux les blancs de toute classe; et les dénonciations contre le ministre et contre MM. Peynier, gouverneur, et Marbois intendant, pour s'être conformés aux ordres du ministre. Ces ordres, conséquens à la déclaration des droits de l'homme, ne sont connus de la société des amis des noirs, que depuis peu de jours; c'est-à-dire, postérieurement à son Adresse.

dans

dans des mesures rigoureuses ; puisqu'enfin il est aujourd'hui bien évident, qu'un peuple de François FIDELES est sous l'oppression dans les colonies ; savoir, LES CITOYENS DE COULEUR ; et que d'autres François FIDELES servent, à leur insçu, à maintenir cette oppression ; savoir, LES SOLDATS.

Or, nous le demandons... est-ce le cas de capituler avec les *Américains* composant la ci-devant assemblée de Saint-Marc ? Ils se disent *Américains* ? Mais sont-ils *François*, oui, ou non? S'ils sont François, pourquoi menacent-ils de ne recevoir les instructions de l'assemblée nationale que comme loi provisoire? Seroit-ce aussi le vœu de ces autres François plus nombreux encore, dont la couleur basanée semble inspirer du dédain au comité colonial (1) ? Non ; et d'autant moins, que le traité entre

---

(1) On les a écartés de l'assemblée nationale, non-seulement comme députés, mais comme simples citoyens qui demandent d'être entendus à la barre. On les a toujours renvoyés au comité colonial, qui, à leur égard, est tout-à-la-fois juge et partie ; et l'on finit par infirmer leurs titres; comme si l'existence des hommes de couleur étoit une chose douteuse ; comme si, dès qu'ils existent, ils n'avoient pas les droits de l'homme ; comme si, dans l'empire françois, ils pouvoient être rejetés avec justice hors de la classe des citoyens.

Il y a plus, le rapporteur des comités qu'on a réunis contre les François de couleur, annonce qu'ils *ont examiné avec la plus sérieuse, la plus scrupuleuse attention, les diverses pétitions des hommes de couleur ; les diverses adresses des sociétés des amis de la constitution, et tous les mémoires des villes de commerce sur ce même sujet ;* et ils ne font aucune mention de l'adresse de la société des amis des noirs à l'assemblée nationale, laquelle leur a été envoyée officiellement par le président. Cette pièce, qui traite à fond *le même sujet* considéré sous tous les rapports, est-elle sans droits à l'examen de comités chargés d'une affaire aussi importante? Comment le mémoire le plus étendu, le plus complet, le plus raisonné de tous ceux qui ont été remis aux comités, est-il précisément celui dont le rapporteur affecte de ne pas faire mention?

Le rapporteur avance que la mesure proposée par les comités est provoquée *par le vœu du commerce, exprimé principalement par les députés extraordinaires des manufactures et du commerce, par les villes de Nantes, du Havre, Dunkerque, Roüen, Dinan, et par une infinité d'adresses et de pétitions.* Mais outre qu'on pourroit en dire autant d'un vœu contraire, et citer des villes non moins importantes, les comités ont-ils examiné les mensonges sans nombre par lesquels de soi-disant députés du nord et de l'ouest de Saint-Domingue ont cherché à en imposer au commerce et aux manufactures ?

les ci devant membres de l'assemblée de Saint-Marc, porte manifestement le caractère d'une capitulation faite aux dépens des François de couleur. La preuve en est facile.

Ce traité, c'est-à-dire le décret, en seize articles, proposé par le comité colonial, assisté des comités de marine, de commerce et d'agriculture, est entièrement dirigé contre eux. Il les met à la discrétion des blancs. *Aucune loi*, porte l'article premier, *sur l'état des personnes, ne pourra être faite par le corps législatif pour les colonies, que sur la demande précise et formelle des assemblées coloniales;* et cet article est déclaré constitutionnel !

Les assemblées coloniales seront donc souveraines sur l'état des personnes ! A moins que, s'obstinant d'un côté à proposer, et de l'autre à rejeter la proposition, l'état des personnes reste, dans les colonies, sous la loi du plus fort, c'est-à-dire, INDÉCIS.

De bonne foi, seroit-ce là une loi politique, une loi de paix, seroit-ce même une loi? Mais, sur-tout, en quoi seroit-elle *provisoire?* Qu'est-ce que la *provision* d'une loi pareille ? Peut-on tirer quelqu'avantage momentané de ce qui ne présente que contradiction, soit qu'on en cherche l'esprit, soit qu'on s'attache à la lettre.

Mais quoi ! une assemblée revêtue du pouvoir suprême sur *tous les membres de* l'empire ; une assemblée qui a reconnu les droits de l'homme, peut-elle rester indécise sur *l'état des membres* de ce même empire? Peut-elle, sur la manière de lever cette indécision, se mettre sous la dépendance d'un pouvoir autre que le sien ?

Les comités supposent donc que l'assemblée nationale demande encore si les François mulâtres sont des hommes ! Mais alors est-ce des colons blancs qu'elle doit attendre la réponse ? Et quelle réponse ! Ils pourront résoudre dans le congrès scandaleux, dont on veut faire dépendre le sort des citoyens de couleur, qu'ils sont une espèce mixte entre l'homme et la brute ; et cela sans que l'assemblée nationale puisse rejeter cette distinction. Car telle est la nature de l'*iniative* réclamée par le comité colonial, en faveur des blancs, que la volonté de ceux-ci peut se fixer à cette alternative : ou que l'assemblée décrète la loi comme ils la demanderont , ou qu'elle n'en fasse aucune.

Sans doute on croit rêver lorsque l'on entend proposer des absurdités pareilles, lorsque l'on rapproche le premier article du décret, de l'unité d'empire, de pouvoir législatif, de pouvoir exécutif, et de droits qui constituent notre système social ; tant il est difficile de croire qu'on ait pu espérer de se jouer à ce point de tous les principes...... Mais le comité colonial ayant déjà obtenu de l'assemblée nationale un décret sur les colonies , sans discussion, et sur la foi d'un sens qu'il ne craint pas de dénier aujourd'hui ; on comprend comment il ose tenter encore le même succès ; comment il ne craint pas de proposer un pareil article, et d'en dévoiler lui-même toute l'extravagance ; car dans l'article XIV du projet , on demande à l'assemblée, de décréter *que l'état des hommes de couleur et des nègres libres , ayant été réglé définitivement, sur la proposition du comité de St. Martin , le premier article du décret soit pleinement exécuté , et que les législatures suivantes ne puissent pas provoquer une nouvelle proposition des colonies , relativement à l'état des personnes quelconques.*

Ainsi ces hommes de sang , voulant des lois contraires aux droits de l'homme, veulent encore y soumettre l'assemblée nationale elle-même. Ils veulent que , par le plus inconcevable égarement , elle se lie les mains sur le sort actuel d'une nombreuse population abandonnée à ses tyrans ; ils veulent mettre les colonies sous le joug insensé et cruel de la cupidité et de l'orgueil ; ils veulent condamner les représentans de la nation Françoise, à ne pouvoir que gémir sur toutes les attrocités nécessairement résultantes de ce système de rebellion. C'est pour enchaîner le pouvoir législatif de l'empire François , que les comités lui proposent le congrès le plus récusable ; celui d'une classe d'hommes incapables, par habitude et par excès de corruption , de concevoir la justice. Car jusqu'à présent , et les François de couleur et les nègres libres, dont le rapporteur des comités espère que les blancs amélioreront le sort, n'ont été que des victimes constamment privées de la protection des lois.

Ah, sans doute, de tels décrets avoient besoin d'être ravis à l'assemblée nationale. La réflexion est leur tombeau ; et voilà pourquoi le rapporteur du comité et les députés qui l'ont appuyé, ont tenté jusqu'à des menaces inexplicables, jusqu'à des allégations inintelligibles, pour arracher du silence de l'assemblée, ce qu'ils ne peuvent pas espérer de sa raison. Est-il possible de présenter à l'univers entier un spectacle plus révoltant ? Est-ce à la face des nations, qu'on ose proposer à une assemblée législative, de faire sans réflexion, les lois les plus importantes pour un million d'hommes, et de s'appuyer sur une prétendue promesse, qui en la supposant aussi vraie qu'elle est fausse, seroit elle-même une surprise faite à l'assemblée, de la même manière qu'on a voulu aujourd'hui surprendre le décret de leur indépendance ?

Le non-succès de cette tentative nous remplit d'espérances. L'acharnement des colons pour la faire réussir, prouve qu'ils ont senti leur foiblesse. L'assemblée nationale s'affermira sur les principes ; les derniers événemens lui ont prouvé qu'il n'étoit qu'un moyen de salut pour les colonies : celui d'y mettre en vigueur les droits de l'homme et du citoyen. Le sang versé les réclame ; la conduite des soldats trompés appelle à la garde des colonies et au maintien de l'ordre, des citoyens soldats, des natifs qui ne peuvent protéger la chose publique, sans protéger en même-temps, les uns leur propriété, les autres leur industrie, et tous leurs femmes, leurs enfans et leurs parens. C'est sous la sauvegarde de ces créoles, dont l'intelligence accompagnera la fidélité, et qu'il faut craindre d'avilir, que les colons blancs verront se calmer toutes leurs inquiétudes ; que le commerce prendra le plus grand essor, et que se mûriront et s'exécuteront avec sagesse, les projets que l'humanité et l'intérêt réclament en faveur des esclaves, dont le recrutement par la traite, s'achemine nécessairement à sa fin.

Signé CLAVIERE, Président.

BRISSOT, Secrétaire.

Paris, 20 Mai 1791.